AF219268

Impressum
Verlag: BABADADA GmbH, Nedderfeld 112 , 22529 Hamburg
Geschäftsführer / Verlagsleitung: Harald Hof
Druck: Books on Demand GmbH, In de Tarpen 42, 22848 Norderstedt

Imprint
Publisher: BABADADA GmbH, Nedderfeld 112 , 22529 Hamburg, Germany
Managing Director / Publishing direction: Harald Hof
Print: Books on Demand GmbH, In de Tarpen 42, 22848 Norderstedt, Germany

de School
escuela

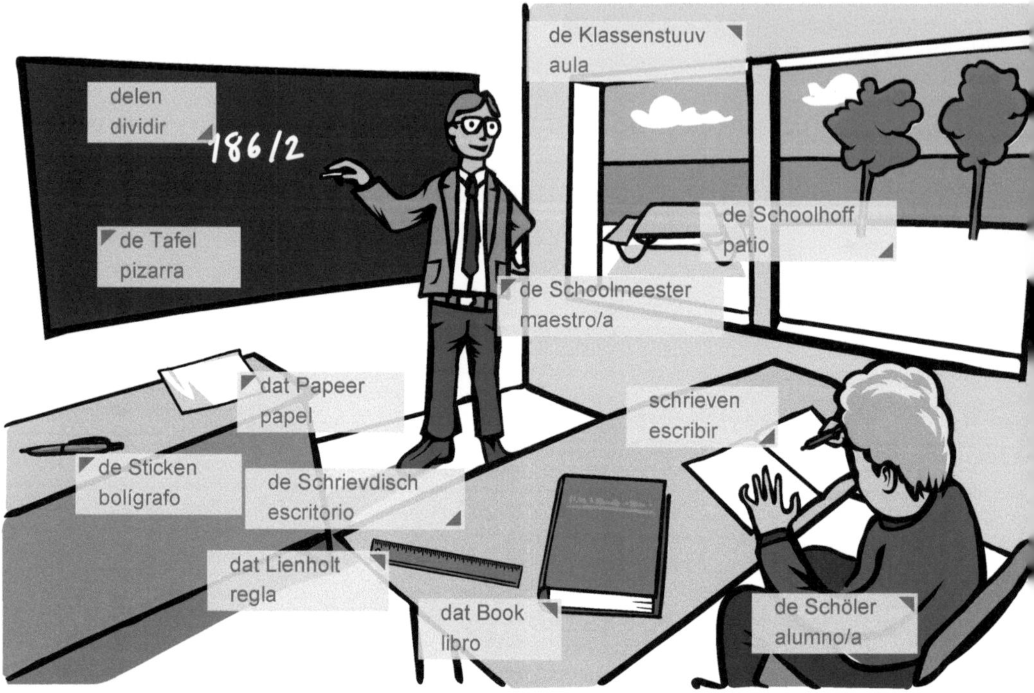

de Klassenstuuv
aula
delen
dividir
186/2
de Tafel
pizarra
de Schoolhoff
patio
de Schoolmeester
maestro/a
dat Papeer
papel
schrieven
escribir
de Sticken
bolígrafo
de Schrievdisch
escritorio
dat Lienholt
regla
dat Book
libro
de Schöler
alumno/a

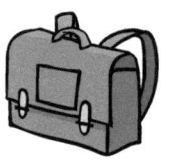

de Ranzel

cartera

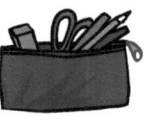

de Feddermapp

caja de lápices

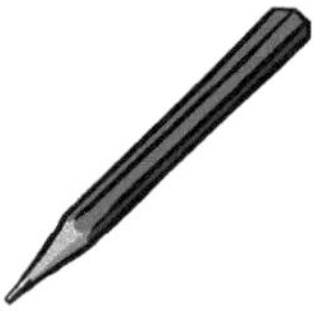

de Bleesticken

lápiz

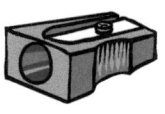

de Scharpmaker

sacapuntas

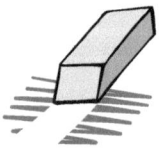

dat Radeergummi

goma de borrar

de Tekenblock

cuaderno de dibujo

de Teken
dibujo

de Pinsel
pincel

de Malkassen
caja de pinturas

de Scheer
tijeras

de Klever
pegamento

dat Heft to'n Öven
cuaderno de ejercicios

de Huusopgaav
deberes

12

de Tall
número

2+2

tohooptellen
sumar

5-2

aftrecken
restar

2×2

malnehmen
multiplicar

reken
calcular

A

de Bookstaav
letra

ABCDEFG
HIJKLMN
OPQRSTU
VWXYZ

dat ABC
alfabeto

hello

dat Woort
palabra

de Text

texto

lesen

leer

de Kried

tiza

de Stunn

lección

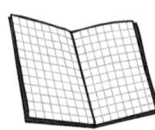

dat Klassenbook

cuaderno de notas

de Pröven

examen

dat Tüügnis

certificado

de Schooluniform

uniforme escolar

de Utbillen

educación

dat Nakieksel

enciclopedia

de Universität

universidad

dat Mikroskop

microscopio

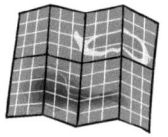

de Koort

mapa

de Papeerkorf

papelera

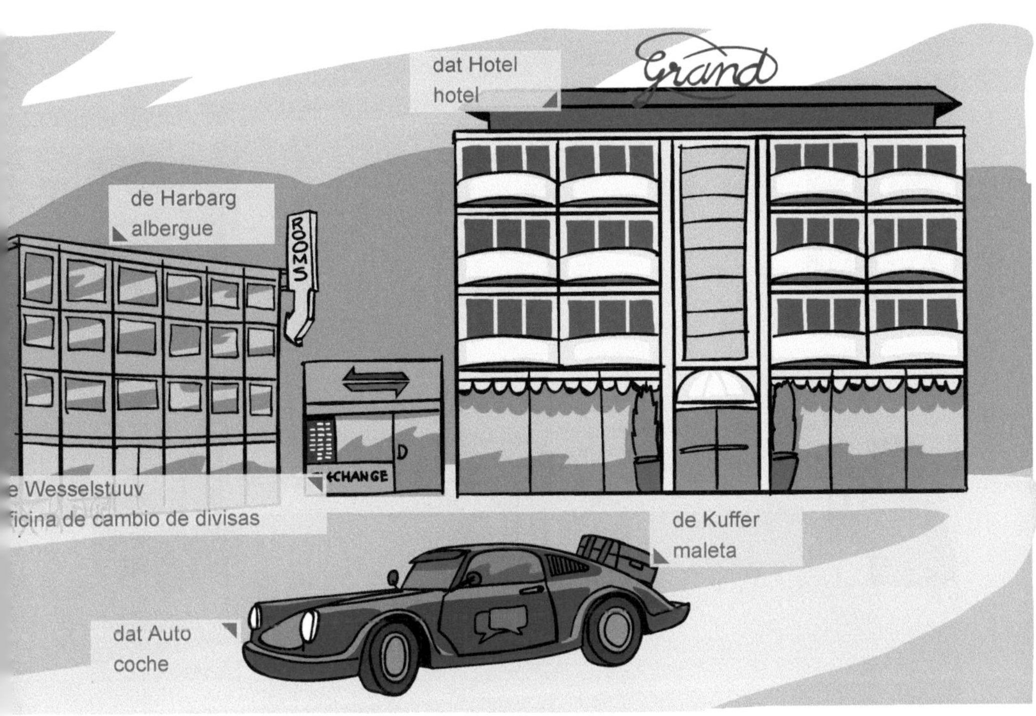

dat Hotel
hotel
Grand
de Harbarg
albergue
ROOMS
e Wesselstuuv
ficina de cambio de divisas
EXCHANGE
de Kuffer
maleta
dat Auto
coche

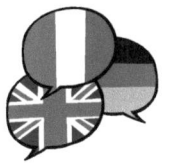

de Spraak
idioma

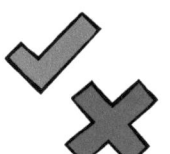

jo / ne
sí / no

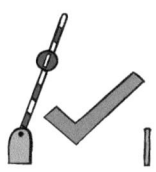

Jo
Vale

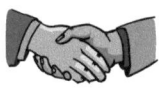

Moin
hola

de Översetter
traductor

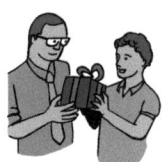

Dank ok
Gracias

Wat kost...?

¿cuánto es...?

Ik verstah nich

No entiendo

dat Problem

problema

Goden Avend

¡Buenas tardes!

Moin!

¡Buenos días!

Gode Nacht!

¡Buenas noches!

Tschüüs

adiós

de Richt

dirección

de Bagaasch

equipaje

de Tasch

bolsa

de Rüchsack

mochila

de Gast

invitado

de Stuuv

habitación

de Slaapsack

saco de dormir

dat Telt

tienda de campaña

Touristeninformatschoon

información turística

de Strand

playa

de Kreditkoort

tarjeta de crédito

dat Fröhstück

desayuno

dat Meddageten

almuerzo

dat Avendeten

cena

de Fohrkort

billete

de Fohrstohl

ascensor

de Breefmark

sello

de Grenz

frontera

de Toll

aduana

de Bottschop

embajada

dat Visum

visa

de Pass

pasaporte

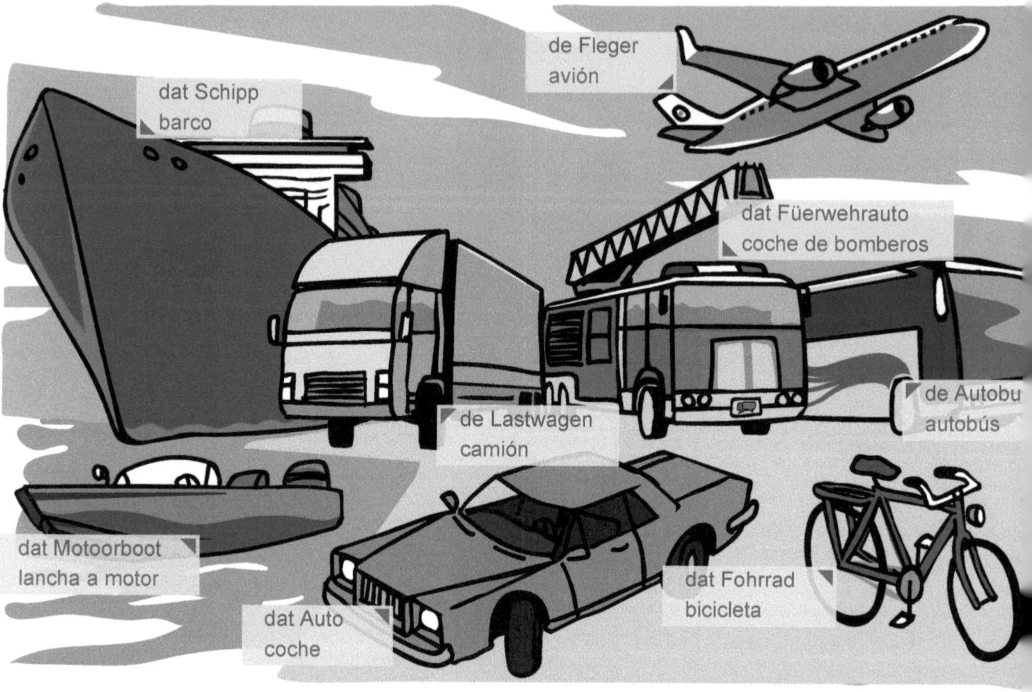

de Fleger
avión

dat Schipp
barco

dat Füerwehrauto
coche de bomberos

de Autobu
autobús

de Lastwagen
camión

dat Motoorboot
lancha a motor

dat Fohrrad
bicicleta

dat Auto
coche

de Fähr

transbordador

dat Boot

barca

dat Motoorrad

moto

dat Polizeiauto

coche de policía

dat Rönnauto

coche de carreras

de Lehnwagen

coche de alquiler

dat Carsharing

préstamo de vehículos

de Afsleepwagen

grúa

dat Müllauto

camión de la basura

de Motoor

motor

de Kraftstoff

gasolina

de Tanksteed

gasolinera

dat Verkehrsschild

señal de tráfico

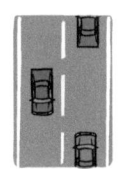

de Verkehr

tráfico

de Stau

atasco

de Afstellplatz

aparcamiento

de Bahnhoff

estación de tren

de Sporen

vías

de Tog

tren

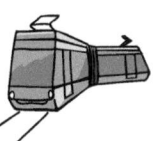

de Stratenbahn

tranvía

de Wagon

vagón

de Dwarsmöhl

helicóptero

de Flooghaven

aeropuerto

de Tower

torre

de Fohrgast

pasajero

de Grootkist

contenedor

de Karton

caja de cartón

de Koor

carretilla

de Korf

cesta

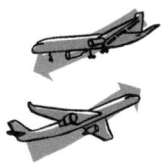

starten / lannen

despegar / aterrizar

de Stadt

ciudad

dat Dörp

pueblo

de Binnenstadt

centro de ciudad

dat Huus

casa

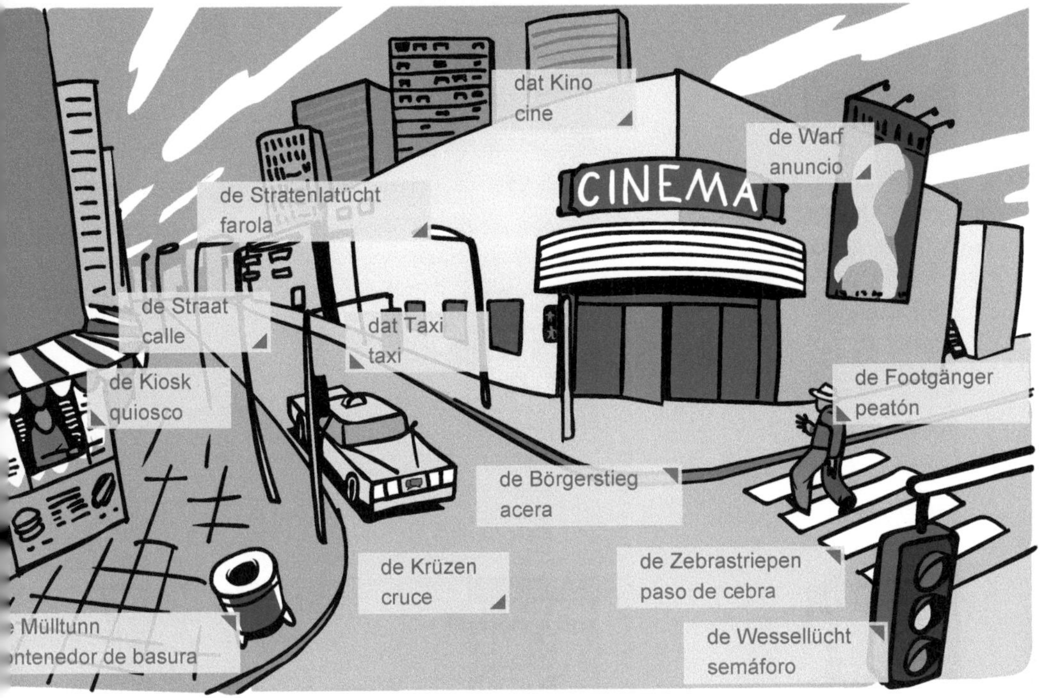

dat Kino
cine

de Warf
anuncio

de Stratenlatücht
farola

CINEMA

de Straat
calle

dat Taxi
taxi

de Kiosk
quiosco

de Footgänger
peatón

de Börgerstieg
acera

de Krüzen
cruce

de Zebrastriepen
paso de cebra

de Mülltunn
ntenedor de basura

de Wessellücht
semáforo

de Hütt
....
cabaña

de Wahnung
....
apartamento

de Bahnhoff
....
estación de tren

dat Raathuus
....
ayuntamiento

dat Museum
....
museo

de School
....
escuela

de Universität

universidad

de Bank

banco

dat Krankenhuus

hospital

dat Hotel

hotel

de Afteek

farmacia

dat Büro

oficina

de Bookhökerie

librería

de Hökerie

tienda

de Blomenhökerie

floristería

de Supermarkt

supermercado

de Markt

mercado

dat Koophuus

grandes almacenes

de Fischhökerie

pescadería

dat Inkoopszentrum

centro comercial

de Haven

puerto

de Stadt - ciudad

de Parkanlaag

parque

de Bank

banco

de Brüch

puente

de Trepp

escaleras

de Ünnergrundbahn

metro

de Tunnel

túnel

de Busstoppsteed

parada de autobús

de Bar

bar

dat Spieslokal

restaurante

de Breefkassen

buzón

dat Stratenschild

poste indicador

de Parkklock

parquímetro

de Deertenpark

zoo

de Baadanstalt

piscina

de Moschee

mezquita

de Buernhoff

granja

de Ümweltversmudden

contaminación

de Karkhoff

cementerio

de Kark

iglesia

de Speelplatz

patio de juego

de Tempel

templo

de Landschop
paisaje

dat Blatt
hoja

de Wiespahl
señal

de Weg
camino

de Wisch
prado

de Steen
piedra

de Wannerer
excursionista

de Boom
árbol

de Fluss
río

dat Gras
hierba

de Bloom
flor

dat Daal

valle

de Barg

colina

de See

lago

dat Holt

bosque

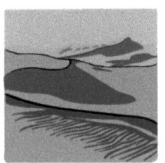

de Wööst

desierto

de Füerspien Barg

volcán

dat Slott

castillo

de Regenbagen

arcoíris

de Poggenstohl

champiñón

de Palm

palmera

de Steekmück

mosquito

de Fleeg

mosca

de Miegeemk

hormiga

de Imm

abeja

de Spinn

araña

de Sebber

escarabajo

de Pogg

rana

de Katteker

ardilla

de Swienegel

erizo

de Haas

liebre

de Uul

lechuza

de Vagel

pájaro

de Swaan

cisne

dat Wildswien

jabalí

de Hirsch

ciervo

de Elk

alce

de Staudamm

presa

dat Windrad

turbina eólica

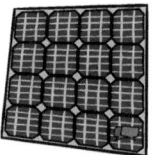

dat Solarmodul

panel solar

dat Klima

clima

dat Spieslokal
restaurante

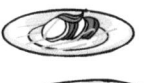

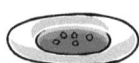

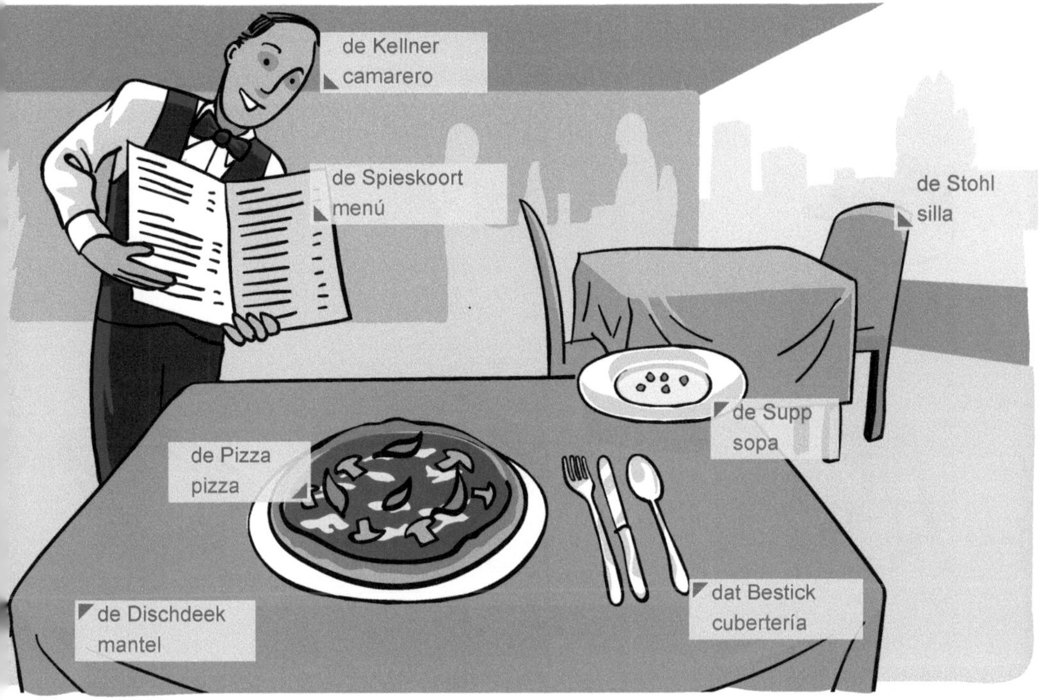
de Kellner
camarero
de Spieskoort
menú
de Stohl
silla
de Supp
sopa
de Pizza
pizza
dat Bestick
cubertería
de Dischdeek
mantel

de Vörspies

primer plato

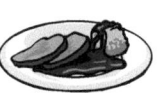

dat Haupteten

plato principal

de Nadisch

postre

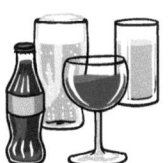

de Drünk

bebidas

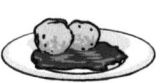

dat Eten

comida

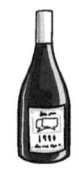

de Buddel

botella

dat Fastfood

comida rápida

dat Strateneten

comida callejera

de Teekann

tetera

de Zuckerdoos

azucarero

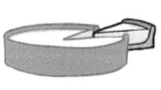

de Portschoon

porción

de Espressomaschien

cafetera expreso

de Hoochstohl

trona

de Reken

cuenta

dat Tablett

bandeja

dat Mess

cuchillo

de Gavel

tenedor

de Lepel

cuchara

de Teelepel

cucharilla

dat Munddook

servilleta

dat Glas

vaso

de Töller

plato

de Suppentöller

plato hondo

de Ünnertass

platillo

de Sooß

salsa

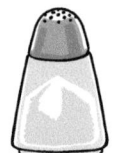

de Soltstreuer

salero

de Pepermöhl

molinillo de pimienta

de Etig

vinagre

dat Ööl

aceite

de Krüder

especias

de Ketchup

ketchup

de Mostrich

mostaza

de Mayonnaise

mayonesa

de Supermarkt
supermercado

dat Anbott
oferta especial
FOR
de Kunn
cliente
de Melkprodukten
lácteos
dat Aaft
fruta
de Inkoopswagen
carro de la compra

BUTCHERS

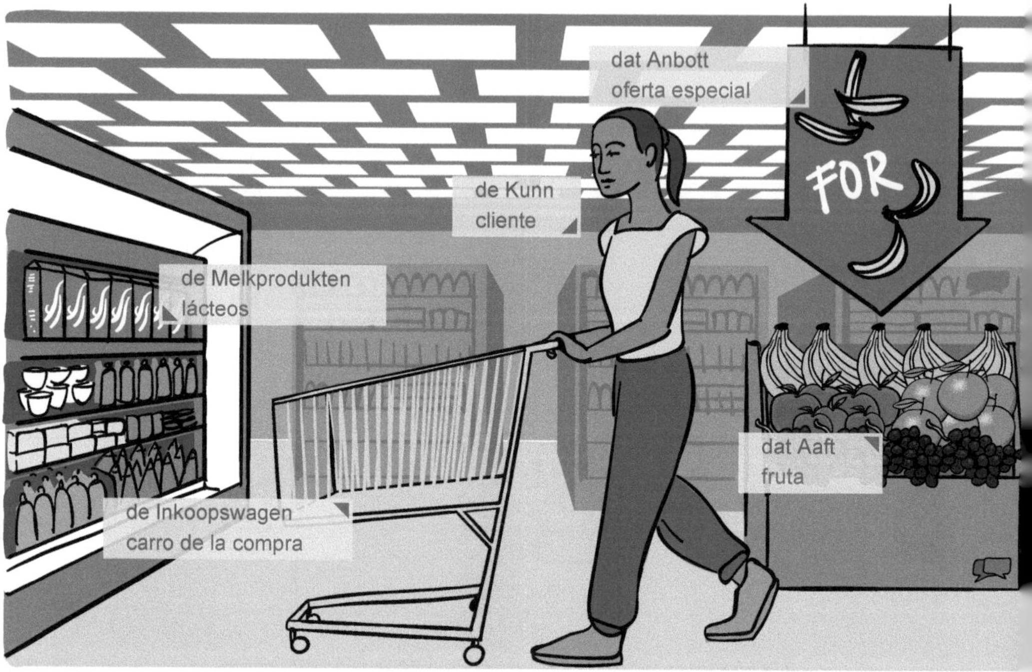

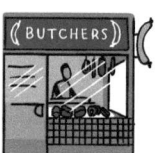

de Slachterie
carnicería

BAKERY

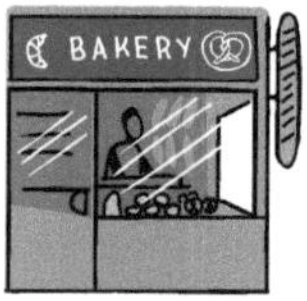

de Bäckerie
panadería

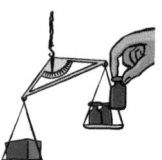

wegen
pesar

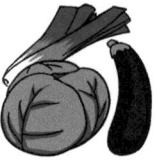

de Gröönsaken
verduras

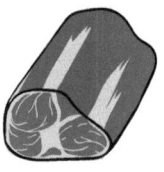

dat Fleesch
carne

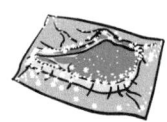

de Deepköhlkost
alimentos congelados

de Opsnitt

fiambres

de Konserven

conservas

de Waschmiddel

detergente en polvo

de Snoopkraam

dulces

de Huushooltssaken

productos de uso doméstico

de Reinmaaktüüch

productos de limpieza

de Verköpersche

vendedora

de Kass

caja

de Kasserer

cajero

de Inkoopslist

lista de la compra

de Opsparrtieden

horario de atención al
público

de Breeftasch

cartera

de Kreditkoort

tarjeta de crédito

de Tasch

bolsa

de Plastiktüüt

bolsa de plástico

de Supermarkt - supermercado

de Drünk
bebidas

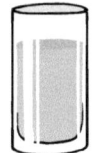

dat Water

agua

de Saft

zumo

de Melk

leche

de Cola

cola

de Wien

vino

dat Beer

cerveza

de Spriet

alcohol

de Kakao

cacao

de Tee

té

de Koffie

café

de Espresso

expreso

de Cappucino

capuchino

de Banaan

plátano

de Appel

manzana

de Appelsien

naranja

de Meloon

melón

de Zitroon

limón

de Wöttel

zanahoria

de Knuuvlook

ajo

de Bambus

bambú

de Zibbel

cebolla

de Poggenstohl

champiñón

de Nööt

avellanas

de Nudeln

fideos

de Spaghetti

espagueti

de Ries

arroz

de Salat

ensalada

de Pommes frites

patatas fritas

de Braadkantüffeln

patatas fritas

de Pizza

pizza

de Hamborger

hamburguesa

dat Sandwich

sándwich

dat Snitzel

filete

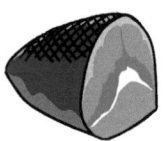

de Schinken

jamón

de Salami

salami

de Wust

salchicha

dat Hohn

pollo

de Braden

asado

de Fisch

pescado

de Haverflocken

copos de avena

dat Müsli

muesli

de Cornflakes

copos de maíz

dat Mehl

harina

de Croissant

cruasán

dat Rundstück

panecillo

dat Broot

pan

dat Toast

tostada

de Keksen

galletas

de Botter

mantequilla

de Quark

cuajada

de Koken

pastel

dat Ei

huevo

dat Spegelei

huevo frito

de Kees

queso

de Ies

helado

de Zucker

azúcar

de Honnig

miel

de Marmelaad

mermelada

de Nougat-Creme

crema de turrón

dat Curry

curry

de Buernhoff
granja

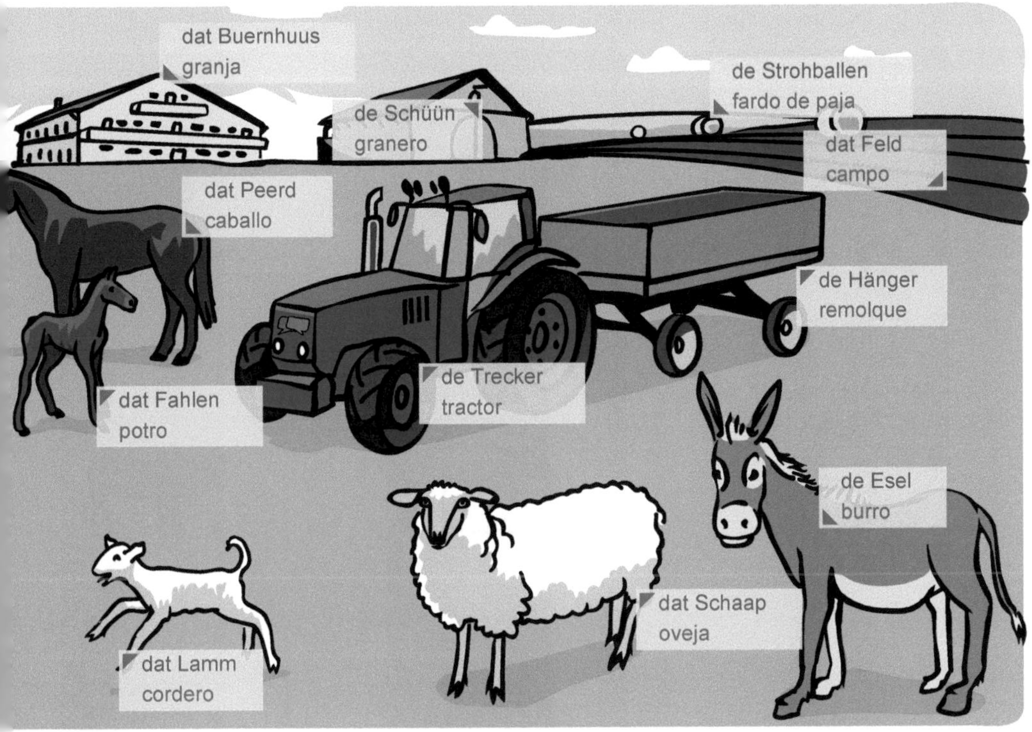
dat Buernhuus
granja
de Schüün
granero
de Strohballen
fardo de paja
dat Feld
campo
dat Peerd
caballo
de Hänger
remolque
de Trecker
tractor
dat Fahlen
potro
de Esel
burro
dat Schaap
oveja
dat Lamm
cordero

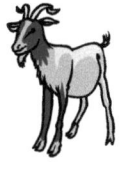

de Zeeg

cabra

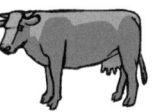

de Koh

vaca

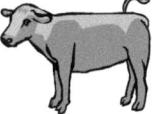

dat Kalf

ternero

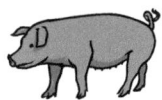

dat Swien

cerdo

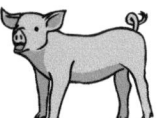

dat Farken

cerdito

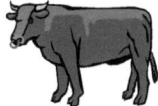

de Bull

toro

de Goos

ganso

de Aant

pato

dat Küken

pollo

dat Hohn

gallina

de Hahn

gallo

de Rott

rata

de Katt

gato

de Muus

ratón

de Oss

buey

de Hund

perro

de Hunnenhütt

perrera

de Goornslauch

manguera

de Geetkann

regadera

de Lee

guadaña

de Ploog

arado

de Sich

hoz

de Hack

azada

de Mestfork

horca

de Ext

hacha

de Schuufkoor

carretilla

de Trog

abrevadero

de Melkkann

lechera

de Sack

saco

de Tuun

valla

de Stall

establo

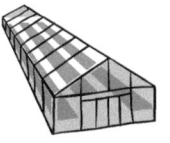

dat Drievhuus

invernadero

de Bodden

suelo

de Saat

semilla

de Dünger

fertilizador

de Meihdöscher

cosechadora

oornen

cosechar

de Oorn

cosecha

de Yamswöttel

ñame

de Weten

trigo

dat Soja

soja

de Kantüffel

patata

de Törksche Weten

maíz

de Rapp

semilla de colza

de Aaftboom

árbol frutal

de Troopsch Kantüffel

mandioca

dat Koorn

cereales

dat Huus

casa

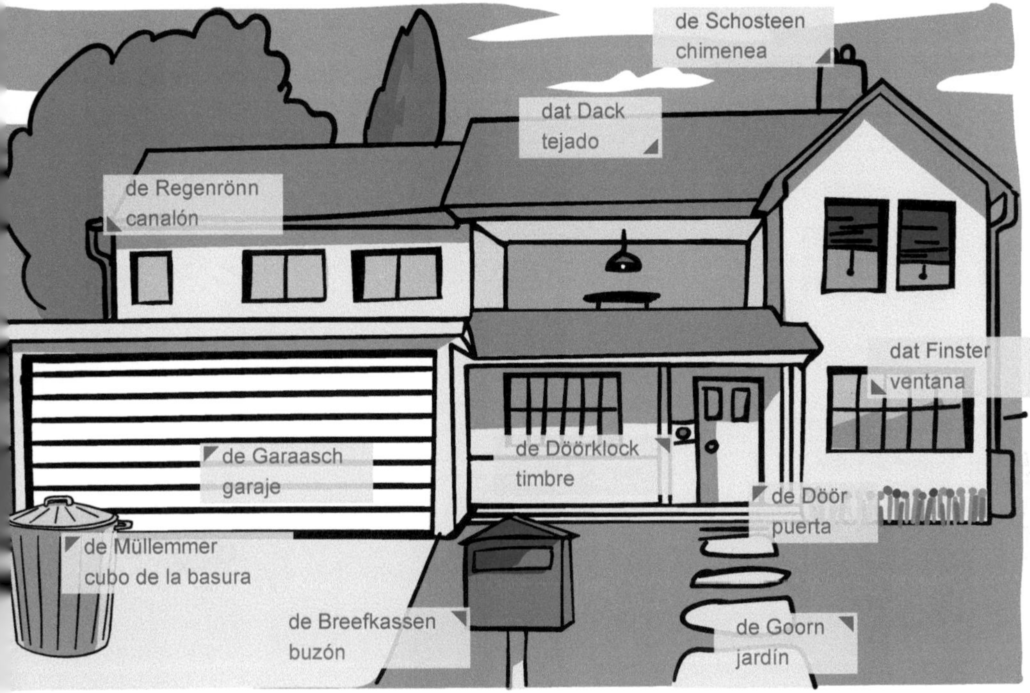
de Schosteen
chimenea
dat Dack
tejado
de Regenrönn
canalón
dat Finster
ventana
de Garaasch
garaje
de Döörklock
timbre
de Döör
puerta
de Müllemmer
cubo de la basura
de Breefkassen
buzón
de Goorn
jardín

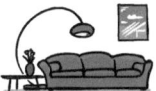

de Wahnstuuv
....
sala

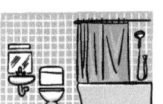

de Baadstuuv
....
cuarto de baño

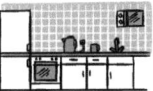

de Köök
....
cocina

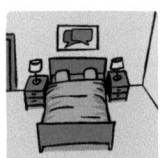

de Slaapstuuv
....
dormitorio

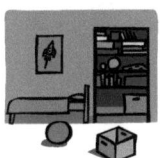

de Kinnerstuuv
....
habitación de los niños

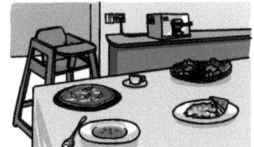

de Eetstuuv
....
comedor

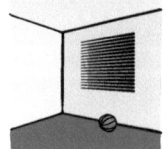

de Footbodden

suelo

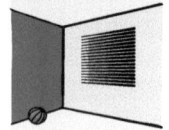

de Wand

pared

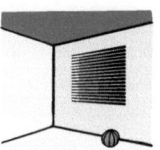

de Deek

techo

de Keller

sótano

dat Hittluftbad

sauna

de Balkon

balcón

de Terrass

terraza

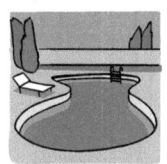

dat Swümmbad

piscina

de Rasenmeiher

cortacésped

de Bettbetog

sábana

de Bettdeek

colcha

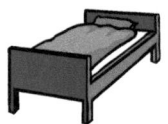

de Puuch

cama

de Bessen

escoba

de Emmer

balde

de Schalter

interruptor

de Wahnstuuv

sala

de Tapeet
papel pintado
dat Bild
imagen
de Lamp
lámpara
dat Regal
estante
dat Schapp
armario
de Kiekkassen
televisión
de Kamin
chimenea
de Bloom
flor
dat Küssen
cojín
dat Sofa
sofá
de Vaas
jarrón
de Feernbedenen
mando a distancia

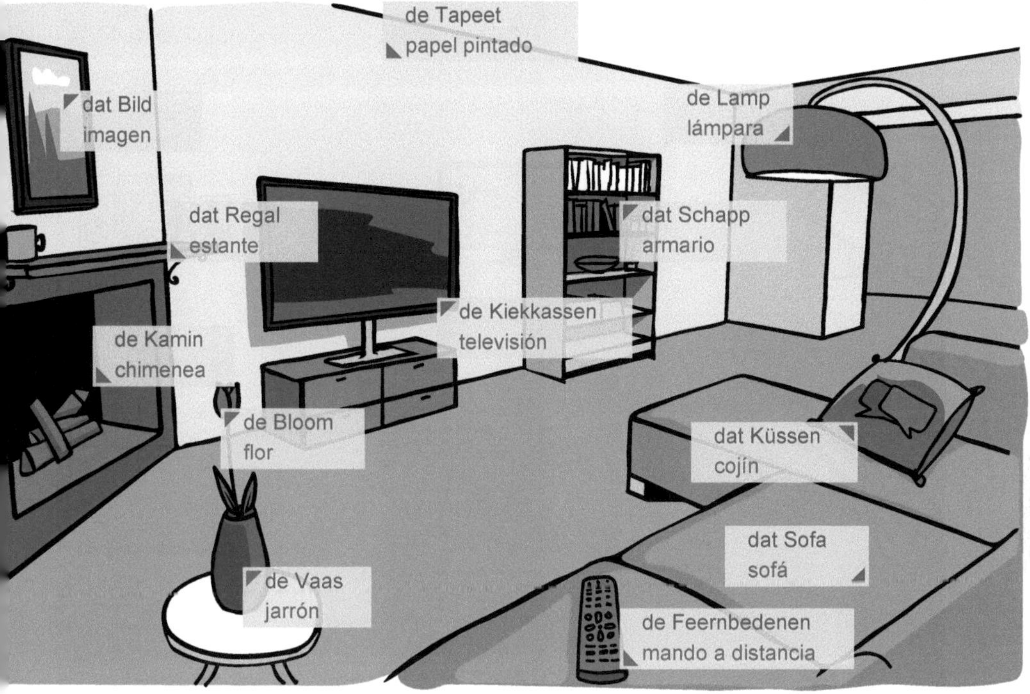

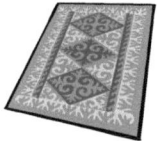

de Teppich

alfombra

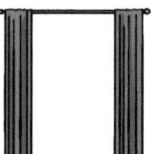

de Vörhang

cortina

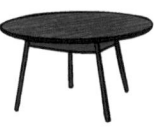

de Disch

mesa

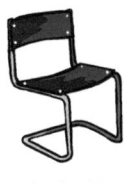

de Stohl

silla

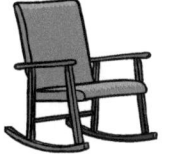

de Schuckelstohl

mecedora

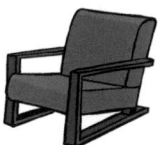

de Sessel

butaca

dat Book

libro

de Deek

manta

de Dekoratschoon

decoración

dat Füerholt

leña

de Film

película

de Stereoanlaag

equipo de música

de Slötel

llave

dat Narichtenblatt

periódico

dat Gemälde

pintura

dat Poster

póster

dat Radio

radio

de Opschrievblock

cuaderno

de Huulbessen

aspiradora

de Kaktus

cactus

de Kars

vela

de Köök
cocina

dat Köhlschapp
refrigerador
de Mikrowell
microondas
de Kökenwaag
balanza de cocina
de Toaster
tostadora
dat Reinmaakmiddel
detergente
de Backaven
horno
dat Gefreerfack
congelador
de Müllemmer
cubo de la basura
de Opwaschmaschien
lavavajillas

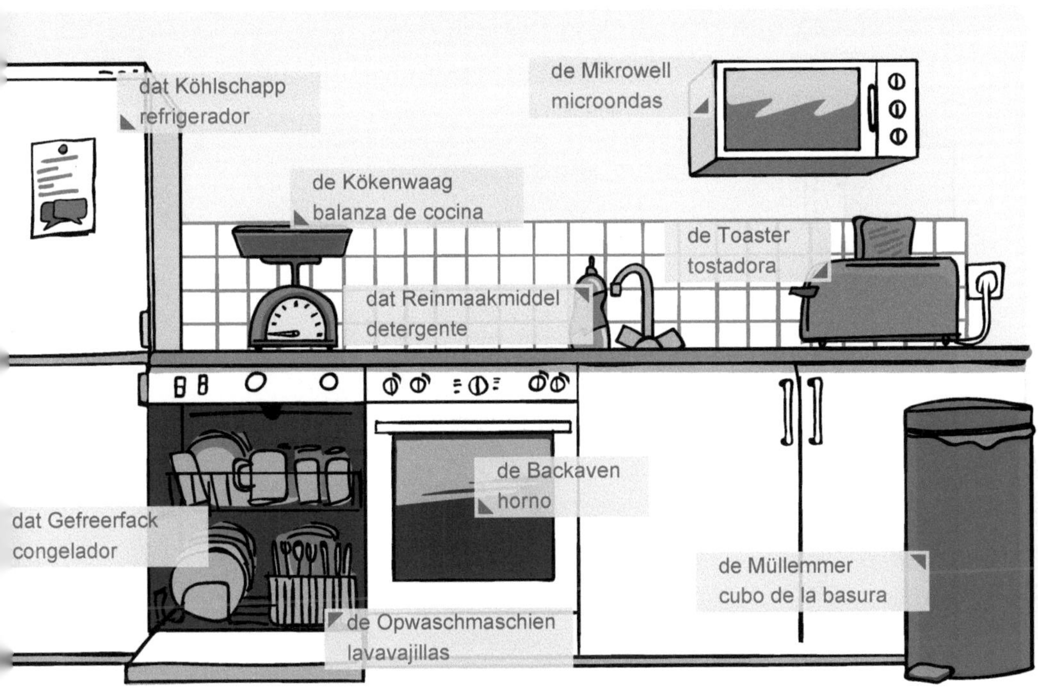

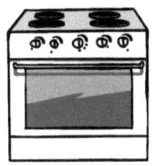

de Heerd

olla a presión

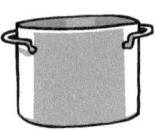

de Pott

olla

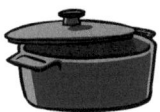

de Gussiesern Putt

olla de hierro fundido

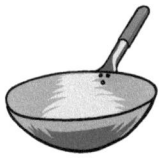

de Wok / Kadai

wok / karahi

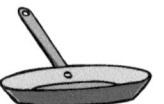

de Pann

cazuela

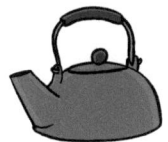

de Waterkaker

hervidor

de Dampkaakputt

vaporera

dat Backblick

chapa de horno

dat Geschirr

vajilla

de Beker

taza

de Schaal

tazón

de Eetsticken

palillos

de Suppenkell

cucharón

de Pannenwenner

espumadera

de Sneebessen

batidor

dat Kaakseef

colador

dat Seef

cedazo

de Riev

rallador

de Mörser

mortero

de Grill

barbacoa

de Füerstell

hoguera

de Köök - cocina

dat Sniedbrett

tabla de picar

dat Nudelholt

rodillo

de Proppentrecker

sacacorchos

de Doos

lata

de Dosenaapner

abrelatas

de Pottlappen

agarrador

dat Waschbecken

lavabo

de Böst

cepillo

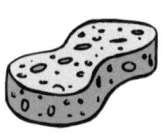

de Swamm

esponja

de Mixer

batidora

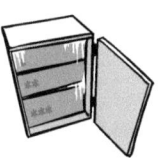

dat lesschapp

congelador

de Nuckelbuddel

biberón

de Waterhahn

grifo

de Baadstuuv
cuarto de baño

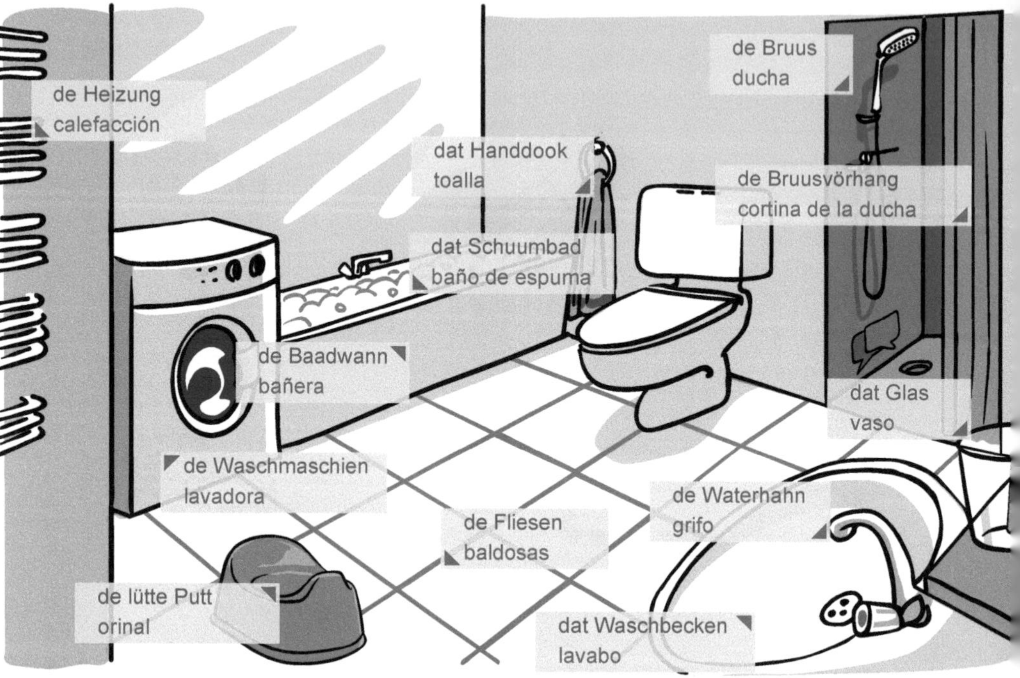

de Heizung
calefacción
dat Handdook
toalla
de Bruus
ducha
de Bruusvörhang
cortina de la ducha
dat Schuumbad
baño de espuma
de Baadwann
bañera
dat Glas
vaso
de Waschmaschien
lavadora
de Waterhahn
grifo
de Fliesen
baldosas
de lütte Putt
orinal
dat Waschbecken
lavabo

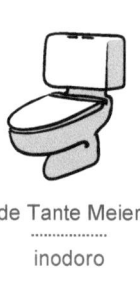

de Tante Meier

inodoro

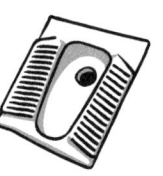

de Hockklo

inodoro rústico

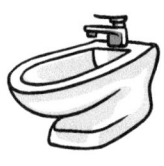

dat Bidet

bidé

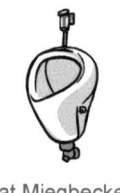

dat Miegbecken

urinario

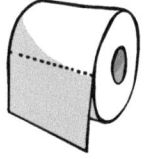

dat Klopapeer

papel higiénico

de Klobößt

escobilla del váter

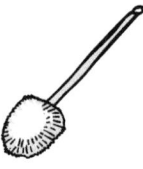

de Tähnböst

cepillo de dientes

de Tähnpast

pasta de dientes

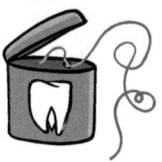

de Tähnsied

hilo dental

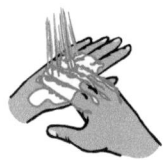

waschen

lavar

de Handbruus

ducha de mano

de Intimbruus

ducha íntima

de Waschschöttel

pila

de Rüchböst

cepillo de espalda

de Seep

jabón

dat Bruusgeel

gel de ducha

dat Hoorwaschmiddel

champú

de Waschlappen

toallita

de Afloop

desagüe

de Creme

crema

dat Deodorant

desodorante

de Spegel

espejo

de Kosmetikspegel

espejo de tocador

de Raserer

maquinilla de afeitar

de Raseerschuum

espuma de afeitar

dat Raseerwater

loción postafeitado

de Kamm

peine

de Böst

cepillo

de Hoordröger

secador

dat Hoorspray

laca

de Smink

maquillaje

de Lippensticken

pintalabios

de Nagellack

pintauñas

de Watt

algodón

de Nagelscheer

cortauñas

dat Rüükwater

perfume

de Kulturbüdel

estuche de viaje

de Schemel

banqueta

de Waag

balanza

de Baadmantel

albornoz

de Gummihanschen

guantes de goma

de Tampon

tampón

de Damenbinn

compresa

dat Chemieklo

inodoro químico

de Kinnerstuuv
habitación de los niños

de Wecker
despertador
dat Knudeldeert
peluche
dat Speeltüüchauto
coche de juguete
de Klöter
sonajero
dat Poppenhuus
casa de muñecas
dat Geschenk
regalo

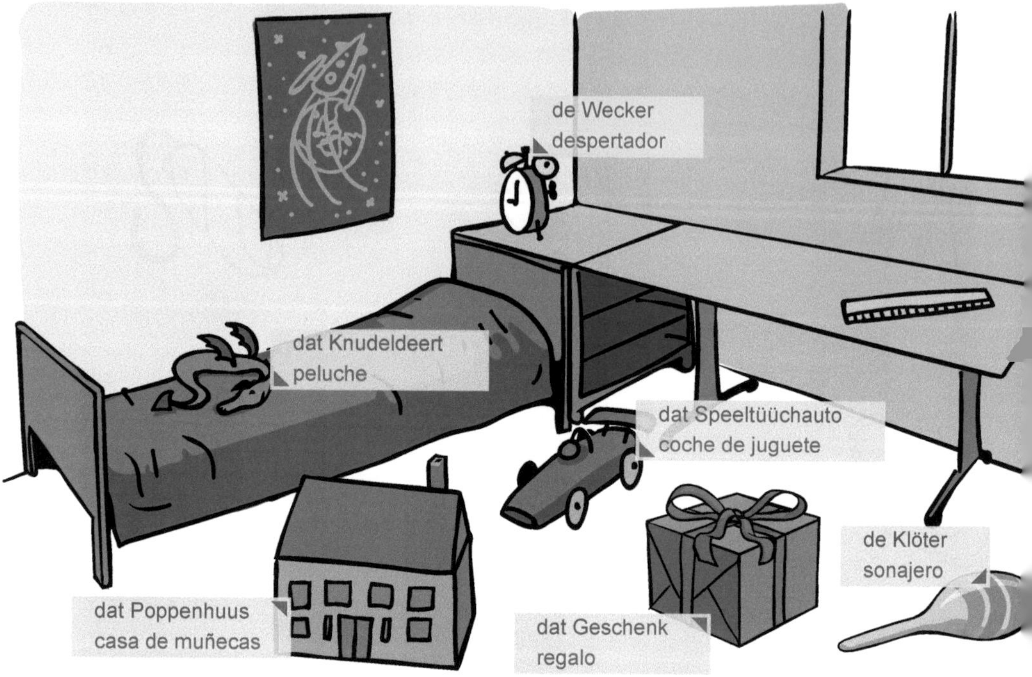

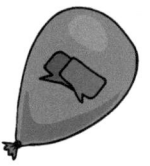

de Luftballon
globo

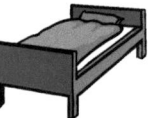

de Puuch
cama

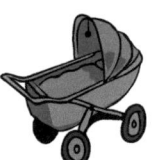

de Kinnerwagen
coche de niño

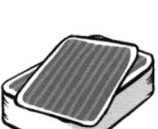

dat Koortenspeel
naipes

dat Puzzle
puzle

SUPER
MEGA

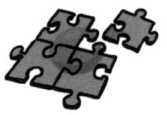

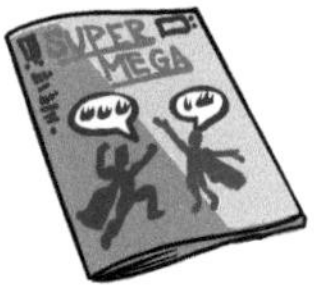

de Billergeschicht
tebeo

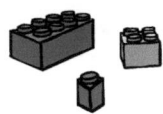

de Legostenen

piezas de lego

de Bustenen

bloques de juguete

de Action-Figur

figura de acción

de Strampelantog

bodi (de bebé)

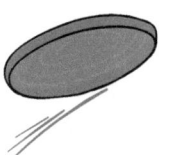

de Frisbeeschiev

frisbee

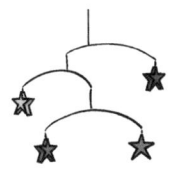

dat Mobile

colgador móvil para bebés

dal Brettspeel

juego de mesa

de Wörpel

dados

de Modelliesenbahn

circuito de tren eléctrico

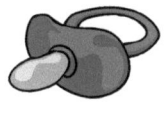

de Snuller

maniquí

de Party

fiesta

dat Billerbook

álbum de fotos

de Ball

pelota

de Popp

muñeca

spelen

jugar

de Sandkassen

cajón de arena

de Schuckel

columpio

dat Speeltüüch

juguetes

de Speelkonsool

videoconsola

dat Dreerad

triciclo

de Teddyboor

oso de peluche

dat Klederschapp

guardarropa

dat Tüüch

ropa

de Socken

calcetines

de Strümp

medias

de Strumpbüx

leotardos

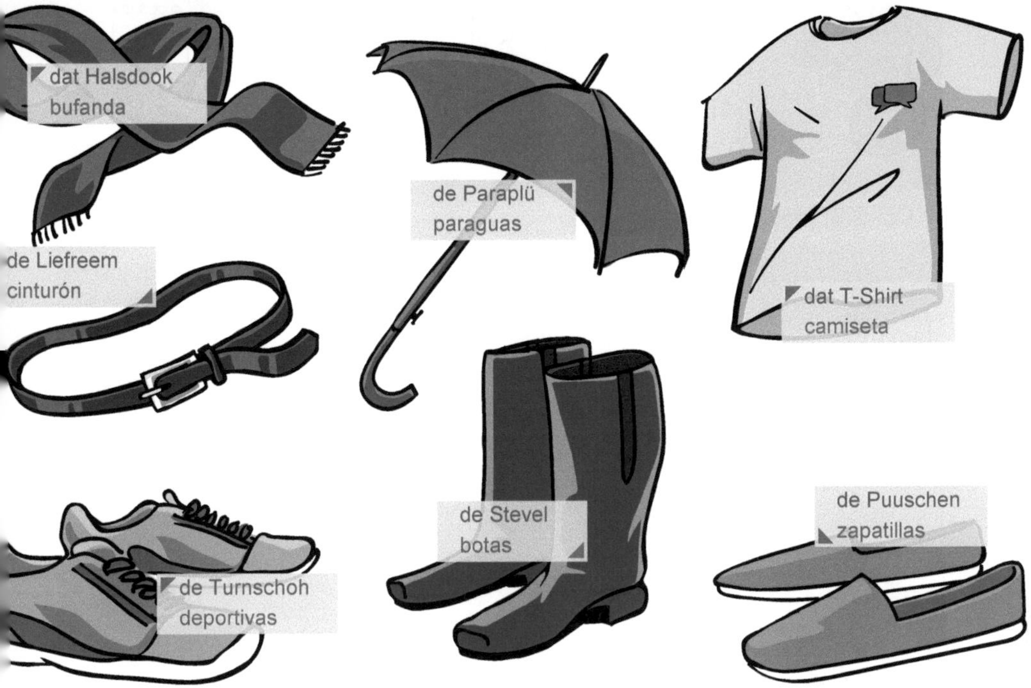

dat Halsdook
bufanda

de Paraplü
paraguas

dat T-Shirt
camiseta

de Liefreem
cinturón

de Stevel
botas

de Puuschen
zapatillas

de Turnschoh
deportivas

de Sandalen
....
sandalias

de Schoh
....
zapatos

de Gummistevel
....
botas de goma

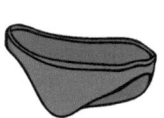

de Ünnerbüx
....
slip

de Bostholler
....
sostén

dat Ünnerhemd
....
chaleco

dat Tüüch - ropa

45

de Lief

bodi

de Büx

pantalones

de Jeansnüx

vaqueros

de Rock

falda

de Bluus

blusa

dat Hemd

camisa

de Pullover

jersey

de Kapuzenpullover

suéter

de Blazer

blazer

de Jack

chaqueta

de Mantel

abrigo

de Övertrecker

gabardina

dat Kostüm

traje

dat Kleed

vestido

dat Hochtietskleed

vestido de novia

dat Tüüch - ropa

de Antog

traje

dat Nachtkleed

camisón

de Slaapantog

pijama

de Sari

sari

dat Koppdook

bandana

de Turban

turbante

de Burka

burka

de Kaftan

caftán

de Abaya

abaya

de Baadantog

traje de baño

de Baadbüx

bañador

de Korte Büx

pantalones cortos

de Antog to'n Öven

chándal

de Schört

delantal

de Handschoh

guantes

de Knopp

botón

de Brill

gafas

dat Armband

brazalete

de Halskeed

collar

de Ring

anillo

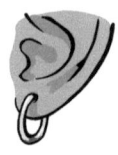

de Ohrbummel

pendiente

de Mütz

gorra

de Klederbögel

percha

de Hoot

sombrero

de Binner

corbata

de Rietslüter

cremallera

de Helm

casco

dat Drachtband

tirantes

de Schooluniform

uniforme escolar

de Uniform

uniforme

de Severböten

babero

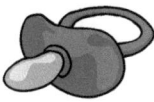

de Snuller

maniquí

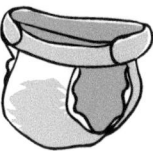

de Winnel

pañal

dat Büro
oficina

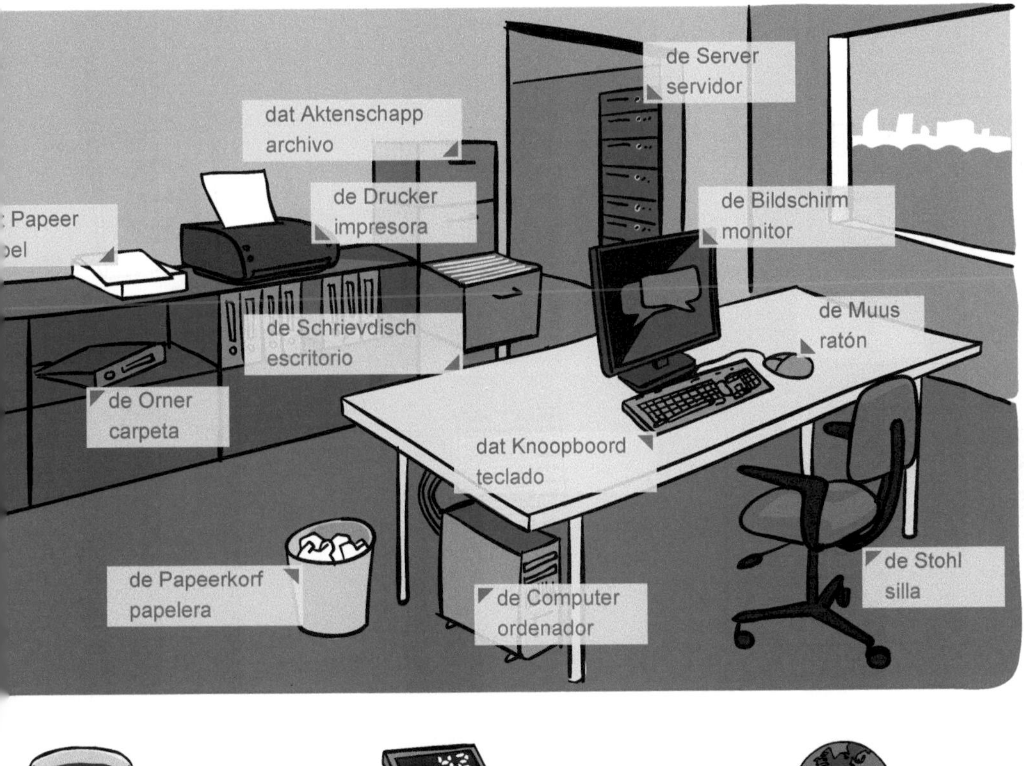

de Server
servidor

dat Aktenschapp
archivo

de Drucker
impresora

Papeer
el

de Schrievdisch
escritorio

de Orner
carpeta

de Bildschirm
monitor

de Muus
ratón

dat Knoopboord
teclado

de Papeerkorf
papelera

de Computer
ordenador

de Stohl
silla

de Koffiebeker

taza de café

de Taschenreekner

calculadora

dat Internet

internet

de Klappreekner

portátil

de Breef

carta

de Naricht

mensaje

de Ackersnacker

móvil

dat Nettwark

red

de Kopeerapparat

fotocopiadora

de Software

software

de Klöönkassen

teléfono

de Steekdoos

toma de corriente

de Faxapparat

fax

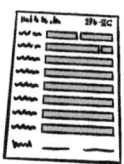

dat Formulor

formulario

dat Dokument

documento

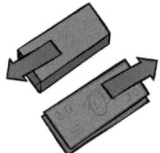

köpen

comprar

betahlen

pagar

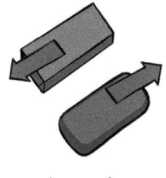

hanneln

comerciar

dat Geld

dinero

de Dollar

dólar

de Euro

euro

de Yen

yen

de Ruvel

rublo

de Swiezer Franken

franco suizo

de Renminbi Yuan

renminbi yuan

de Rupie

rupia

de Geldautomat

cajero automático

de Wesselstuuv

oficina de cambio de divisas

dat Gold

oro

dat Sülver

plata

dat Ööl

petróleo

de Energie

energía

de Pries

precio

de Verdrag

contrato

de Stüer

impuesto

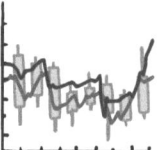

de Andeelschien

acción

arbeiden

trabajar

de Anstellte

empleado

de Arbeitgever

empleador

de Fabrik

fábrica

de Hökerie

tienda

de Profeschonen
oficios

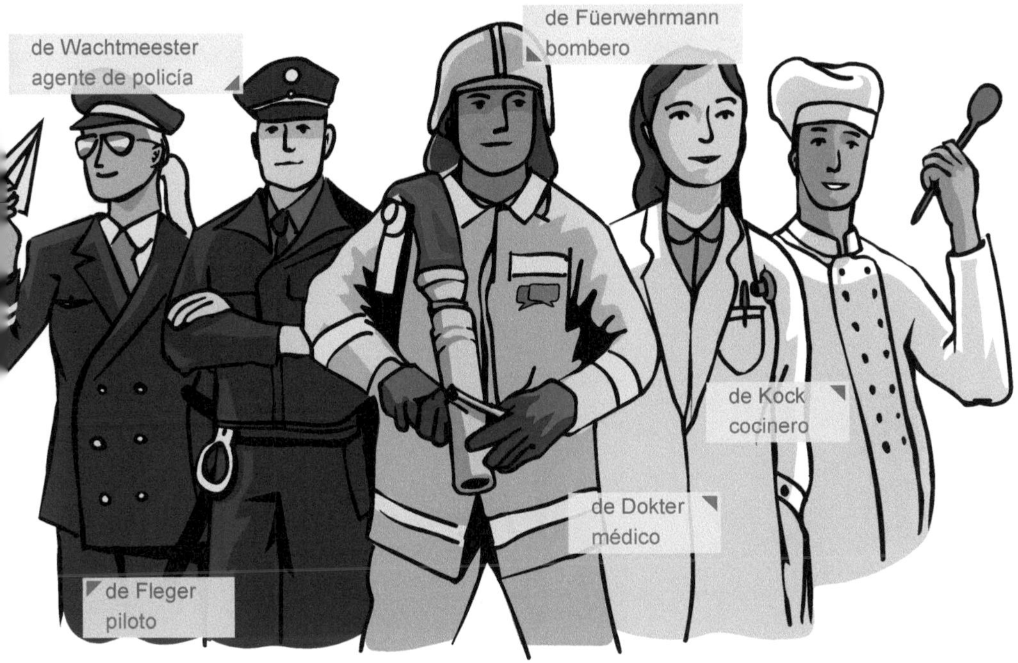
de Wachtmeester
agente de policía
de Füerwehrmann
bombero
de Kock
cocinero
de Dokter
médico
de Fleger
piloto

de Goorner

jardinero

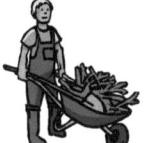

de Discher

carpintero

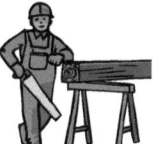

de Neihersche

costurera

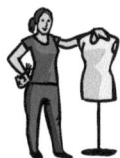

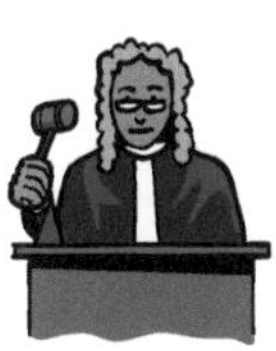

de Richter

juez

de Chemiker

farmacéutico

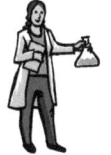

de Schauspeler

actor

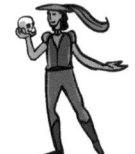

de Busfohrer

conductor de autobús

de Taxifohrer

taxista

de Fischer

pescador

de Reinmaakfru

señora de la limpieza

de Dackdecker

techador

de Kellner

camarero

de Jäger

cazador

de Maler

pintor

de Bäcker

panadero

de Elektriker

electricista

de Buarbeider

obrero

de Ingenieur

ingeniero

de Slachter

carnicero

de Klempner

fontanero

de Postbüdel

cartero

de Suldat

soldado

de Architekt

arquitecto

de Kasserer

cajero

de Florist

florista

de Putzbüdel

peluquero

de Schaffner

revisor

de Mechaniker

mecánico

de Kaptein

capitán

de Tähndokter

dentista

de Wetenschopler

científico

de Rabbi

rabino

de Imam

imán

de Mönk

monje

de Paap

sacerdote

dat Warktüüch
herramientas

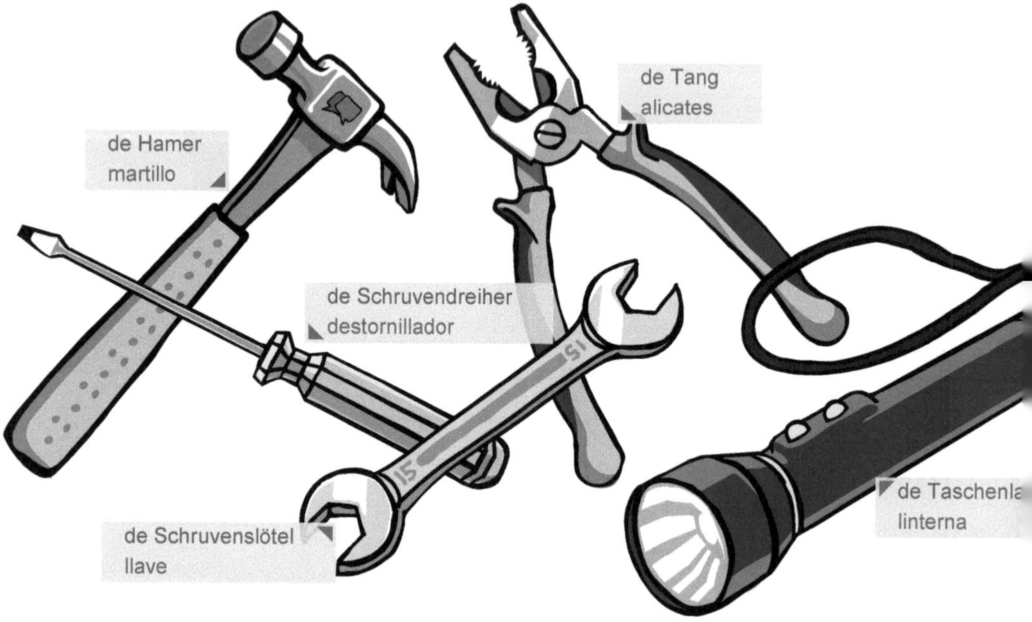
de Tang
alicates
de Hamer
martillo
de Schruvendreiher
destornillador
de Taschenla
linterna
de Schruvenslötel
llave

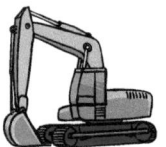

de Grieper

excavadora

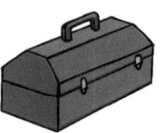

de Warktüüchkassen

caja de herramientas

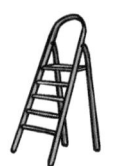

de Ledder

escalera de mano

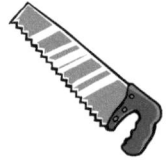

de Saag

sierra

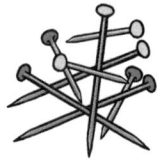

de Nagels

clavos

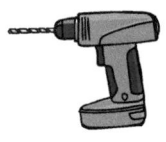

de Bohrer

taladro

heelmaken
....
reparar

de Schüffel
....
pala

Schiet!
....
¡Maldita sea!

dat Kehrblick
....
recogedor

de Farvpott
....
bote de pintura

de Schruven
....
tornillos

de Musikinstrumenten
instrumentos musicales

dat Slagtüüch
batería

de Luutsnacker
altavoz

de Rietfiedel
guitarra

de Bass-Vigelien
contrabajo

de Trumpeet
trompeta

dat Klaveer

piano

de Vigelien

violín

de Bass

bajo

de Pauk

timbales

de Trummeln

tambor

dat Keyboard

teclado

dat Saxophon

saxofón

de Fleut

flauta

dat Mikrofoon

micrófono

de Deertenpark

zoo

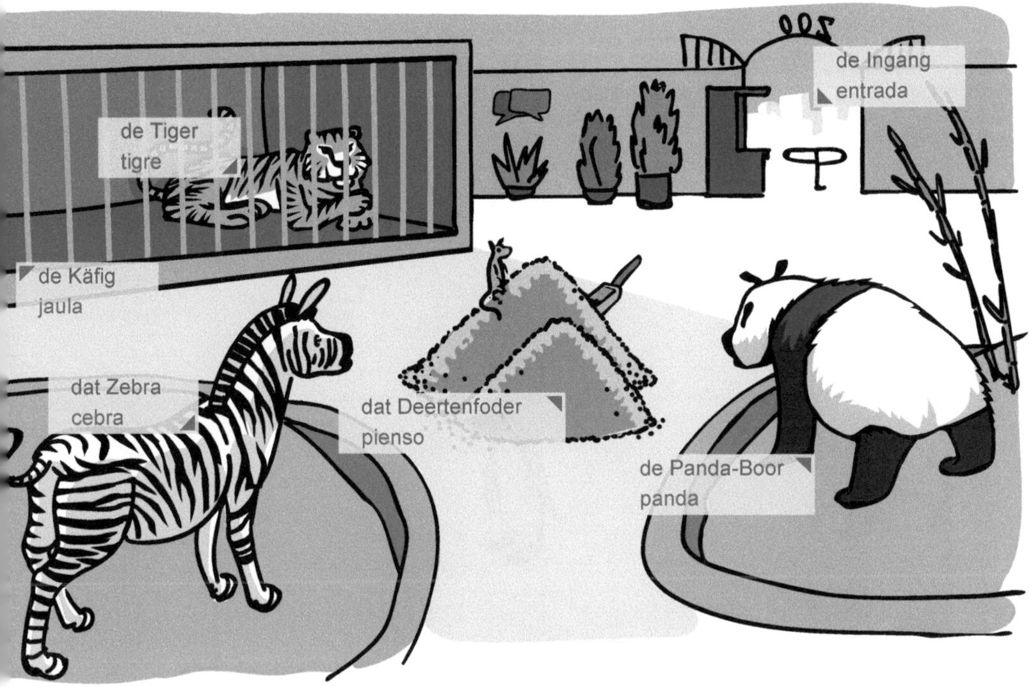

de Ingang
entrada
de Tiger
tigre
de Käfig
jaula
dat Zebra
cebra
dat Deertenfoder
pienso
de Panda-Boor
panda

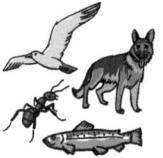

de Deerten

animales

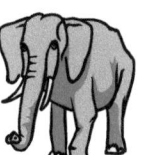

de Elefant

elefante

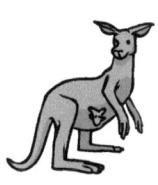

dat Känguru

canguro

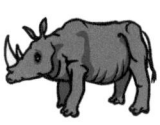

dat Neeshoorn

rinoceronte

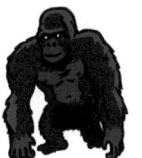

de Gorilla

gorila

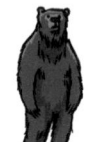

de Boor

oso

dat Kameel

camello

de Struuß

avestruz

de Lööv

león

de Aap

mono

de Flamingo

flamingo

de Papagoi

loro

de Iesboor

oso polar

de Pinguin

pingüino

de Haifisch

tiburón

de Pageluun

pavo real

de Slang

serpiente

dat Krokodil

cocodrilo

de Oppasser in'n
Deertenpark
guardián de zoológico

de Saalhund

foca

de Jaguor

jaguar

dat Pony

poni

de Leopard

leopardo

dat Nilpeerd

hipopótamo

de Giraff

jirafa

de Aadler

águila

dat Wildswien

jabalí

de Fisch

pescado

de Schildkrööt

tortuga

dat Walross

morsa

de Voss

zorro

de Gazell

gacela

de Amerikaansch Football
fútbol americano

dat Radfohren
ciclismo

dat Tennis
tenis

de Korfball
baloncesto

dat Swümmen
natación

dat Boxen
boxeo

dat Ieshockey
hockey sobre hielo

de Football
....
fútbol

dat Fedderball
....
bádminton

de Leichtathletik
....
atletismo

de Handball
....
balonmano

dat Skilopen
....
esquí

dat Polo
....
polo

springen
saltar

ümarmen
abrazar

lachen
reír

gahn
caminar

singen
cantar

drömen
soñar

beden
rezar

snuteln
besar

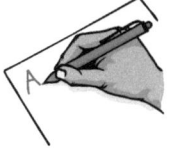

schrieven

escribir

teken

dibujar

wiesen

mostrar

drücken

empujar

geven

dar

nehmen

tomar

hebben
tener

doon
hacer

sien
ser

stahn
estar de pie

lopen
correr

trecken
tirar

smieten
tirar

fallen
caer

liggen
yacer

töven
esperar

dregen
llevar

sitten
estar sentado

antrecken
vestirse

slapen
dormir

opwaken
despertar

ankieken

mirar

wenen

llorar

eien

acariciar

kämmen

peinar

snacken

hablar

verstahn

entender

fragen

preguntar

hören

escuchar

drinken

beber

eten

comer

oprümen

ordenar

leefhebben

amar

kaken

cocinar

fohren

conducir

flegen

volar

segeln

navegar

reken

calcular

lesen

leer

lehren

aprender

arbeiden

trabajar

de Plünnen tohoopsmieten

casarse

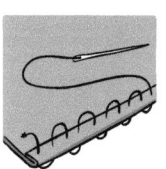

neihen

coser

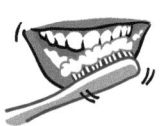

Tähnen putzen

cepillarse los dientes

dootmaken

matar

smöken

fumar

schicken

enviar

Grootmoder
ela

de Grootvadder
abuelo

de Vadder
padre

de Moder
madre

Vinnelkind

de Dochter
hija

de Söhn
hijo

de Gast

invitado

de Tant

tía

de Unkel

tío

de Broder

hermano

de Süster

hermana

de Lief
cuerpo

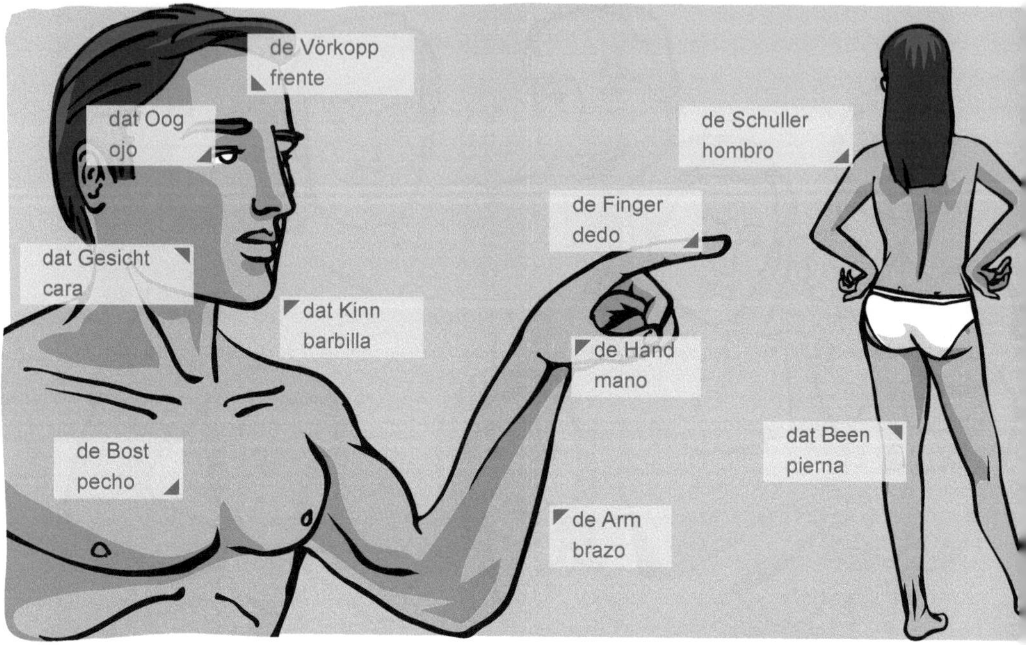
de Vörkopp
frente
dat Oog
ojo
de Schuller
hombro
de Finger
dedo
dat Gesicht
cara
dat Kinn
barbilla
de Hand
mano
dat Been
pierna
de Bost
pecho
de Arm
brazo

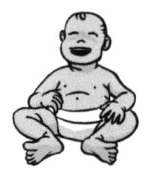

dat Winnelkind

bebé

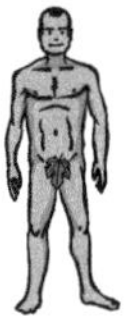

de Mann

hombre

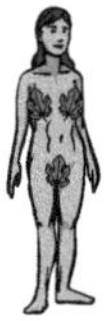

de Fro

mujer

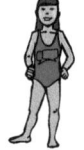

de Deern

chica

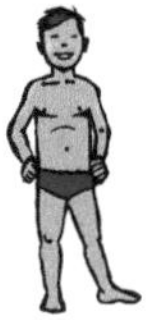

de Jung

chico

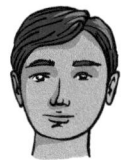

de Arm

cabeza

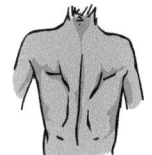

de Rüch

espalda

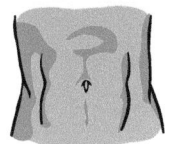

de Buuk

vientre

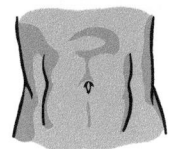

de Navel

ombligo

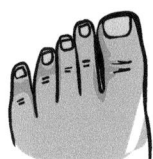

de Teh

dedo del pie

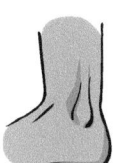

de Hack

talón

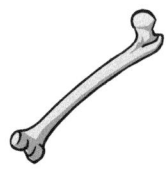

de Knaken

hueso

de Hüft

cadera

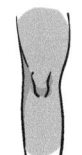

dat Knee

rodilla

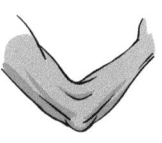

de Ellbagen

codo

de Nees

nariz

de Achtersen

trasero

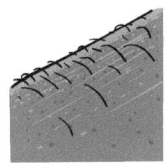

de Huut

piel

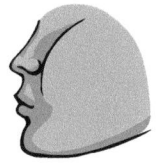

de Back

mejilla

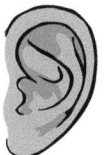

dat Ohr

oído

de Lipp

labio

de Mund

boca

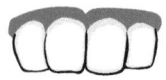

de Tähn

diente

de Tung

lengua

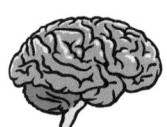

de Bregen

cerebro

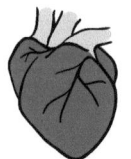

dat Hart

corazón

de Muskel

músculo

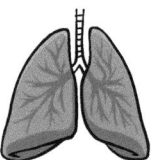

de Lung

pulmón

de Lever

hígado

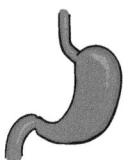

de Maag

estómago

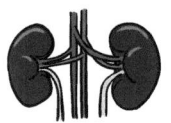

de Neren

riñones

de Bislaap

sexo

dat Kondoom

condón

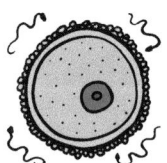

de Eizell

ovario

dat Sperma

semen

de Anner Ümstänn

embarazo

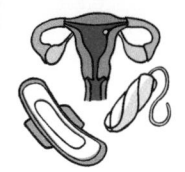

de Menstruatschoon

menstruación

de Scheed

vagina

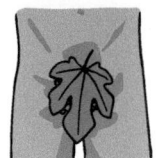

de Pint

pene

de Ogenbroe

ceja

dat Hoor

pelo

de Hals

cuello

dat Krankenhuus

hospital

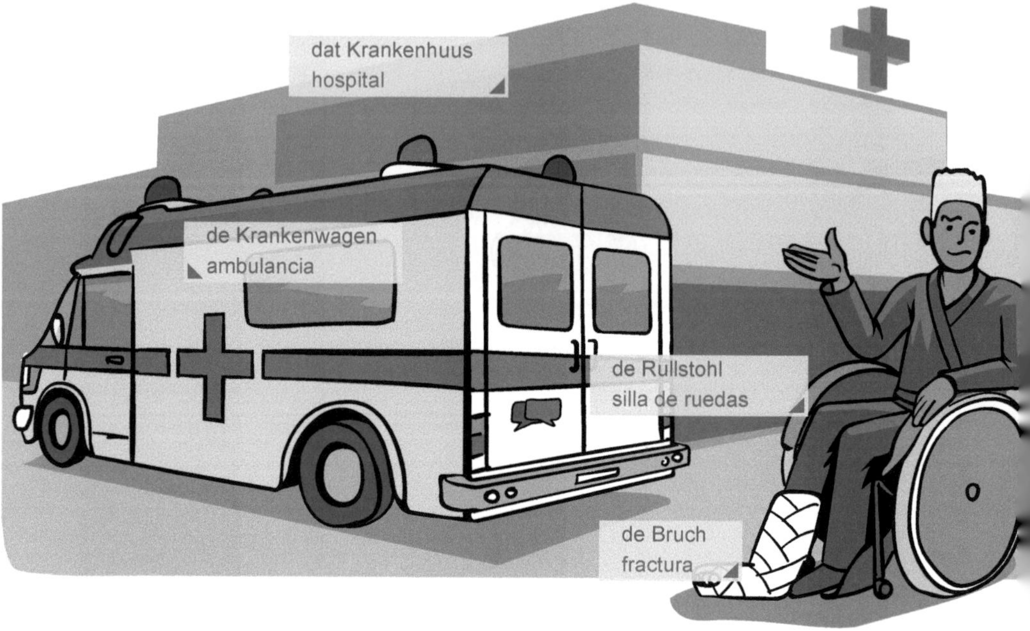

dat Krankenhuus
hospital
de Krankenwagen
ambulancia
de Rullstohl
silla de ruedas
de Bruch
fractura

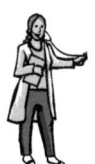

de Dokter
médico

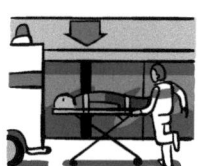

de Nootopnahm
sala de urgencias

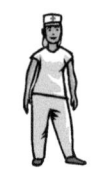

de Krankensüster
enfermera

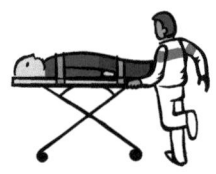

de Nootfall
urgencia

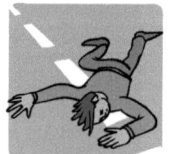

ahnmächtig
inconsciente

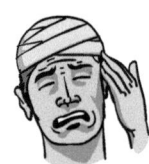

de Wehdaag
dolor

de Verwunnen

lesión

de Blöden

hemorragia

de Hartinfarkt

infarto

de Slaganfall

ictus

de Allergie

alergia

de Hoosten

tos

dat Fever

fiebre

de Gripp

gripe

de Dörchfall

diarrea

de Koppwehdaag

dolor de cabeza

de Kreeft

cáncer

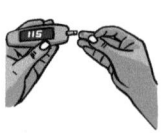

de Zuckersüük

diabetes

de Chirurg

cirujano

dat Chirurgsch Mess

bisturí

de Operatschoon

operación

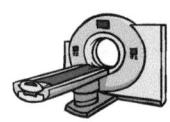

dat CT
TAC

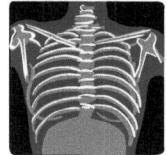

de Dörchlüchten
rayos x

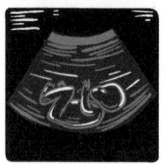

de Ultraschall
ultrasonido

de Mask
mascarilla

de Krankheit
enfermedad

de Töövruum
sala de espera

de Krück
muleta

dat Plaaster
tirita

de Verband
venda

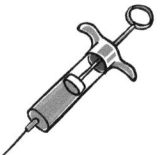

de Insprütten
inyección

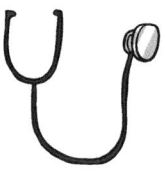

dat Stethoskop
estetoscopio

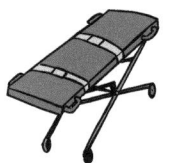

de Draag
camilla

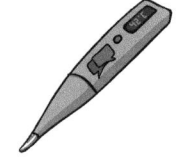

dat Feverthermometer
termómetro

de Geboort
nacimiento

dat Övergewicht
sobrepeso

de Höörapparat

audífono

dat Kiemfriemiddel

desinfectante

de Ansteken

infección

de Virus

virus

dat HIV / AIDS

VIH / SIDA

dat Heelmiddel

medicina

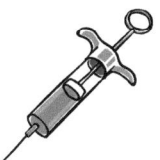

de Impen

vacunación

de Tabletten

tabletas

de Pill

pastilla

de Nootroop

llamada de urgencia

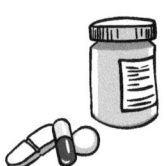

de Blootdruck-Meter

tensiómetro

krank / gesund

enfermo / sano

Hölp!

¡Socorro!

de Alarm

alarma

de Överfall

asalto

de Angreep

ataque

de Gefohr

peligro

de Nootutgang

salida de emergencia

dat Füer!

¡Fuego!

de Füerlöscher

extintor de incendios

de Unfall

accidente

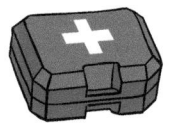

de Noothölpkoffer

botiquín de primeros
auxilios

SOS

SOS

de Polizei

policía

Europa

Europa

Noordamerika

Norteamérica

Süüdamerika

Sudamérica

Afrika

África

Asien

Asia

Australien

Australia

de Atlantik

Atlántico

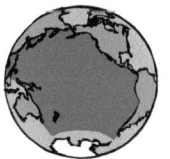

de Pazifik

Pacífico

dat Indisch Weltmeer

Océano Índico

Antarktisch Weltmeer

Océano Antártico

dat Arktisch Weltmeer

Océano Ártico

de Noordpol

polo norte

de Süüdpol

polo sur

de Antarktis

Antártida

de Eerd

tierra

dat Land

tierra

de See

mar

dat Eiland

isla

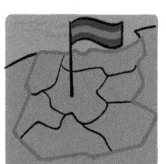

de Natschoon

nación

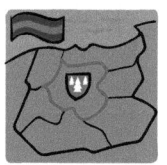

de Staat

estado

dat Tallenblatt

esfera

de Stunnenwieser

manecilla de las horas

de Minutenwieser

minutero

de Sekunnenwieser

segundero

Wo laat is dat?

¿Qué hora es?

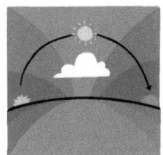

de Dag

día

de Tiet

tiempo

nu

ahora

de digetaalsch Klock

reloj digital

de Minuut

minuto

de Stunn

hora

de Week
semana

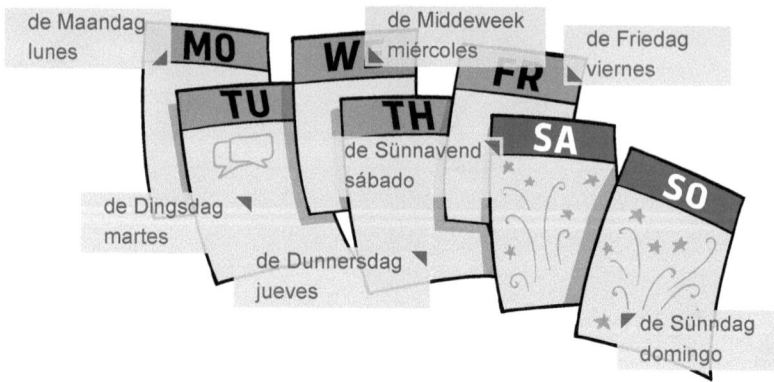

de Maandag
lunes

de Middeweek
miércoles

de Friedag
viernes

de Dingsdag
martes

de Sünnavend
sábado

de Dunnersdag
jueves

de Sünndag
domingo

güstern

ayer

hüüt

hoy

morgen

mañana

de Morgen

mañana

de Meddag

mediodía

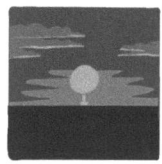

de Avend

tarde

de Arbeitsdaag

días laborables

dat Wekenenn

fin de semana

dat Johr

año

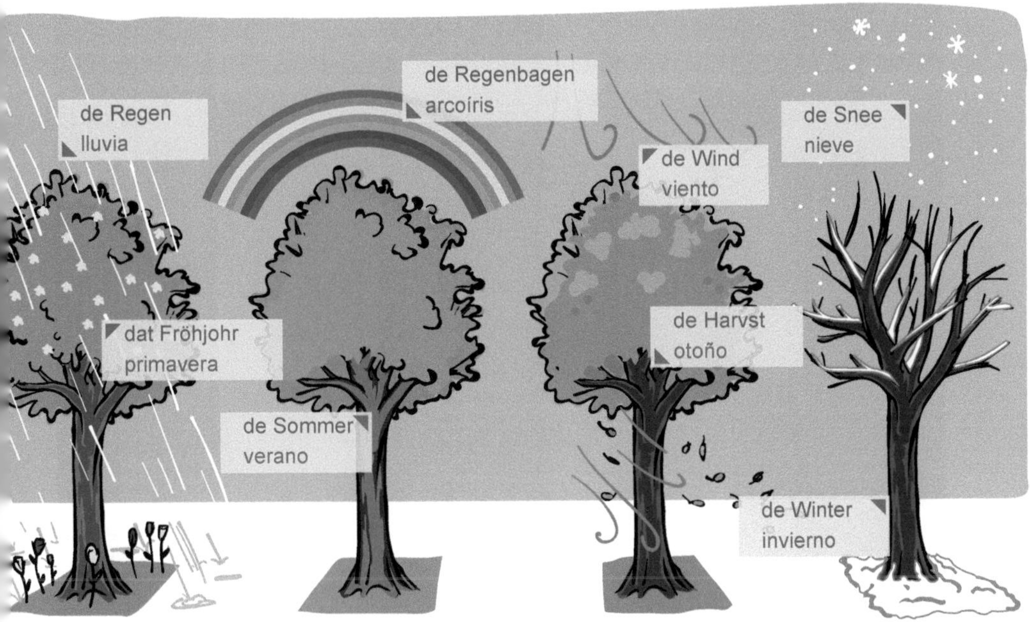

de Regen
lluvia
de Regenbagen
arcoíris
de Snee
nieve
de Wind
viento
dat Fröhjohr
primavera
de Harvst
otoño
de Sommer
verano
de Winter
invierno

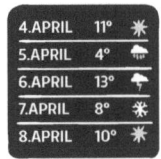

4.APRIL 11°
5.APRIL 4°
6.APRIL 13°
7.APRIL 8°
8.APRIL 10°

le Wedervörhersaag

ronóstico del tiempo

F C
120 40
90 30
60 20
30 10
0 0
-30 -10
-20

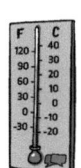

dat Thermometer

termómetro

de Sünnenschien

sol

de Wulk

nube

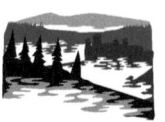

de Nevel

niebla

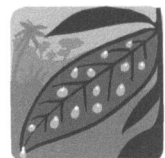

de Luftfuchtigkeit

humedad

de Blitz
rayo

de Dunner
trueno

de Storm
tormenta

de Hagel
granizo

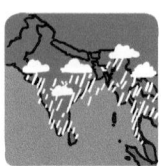

de Monsun
monzón

de Floot
inundación

dat Ies
hielo

de Januormaand
enero

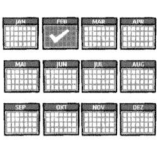

de Februormaand
febrero

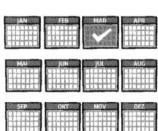

de Martmaand
marzo

de Aprilmaand
abril

de Maimaand
mayo

de Junimaand
junio

de Julimaand
julio

de Augustmaand
agosto

de Septembermaand

septiembre

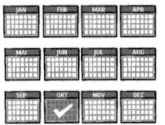

de Oktobermaand

octubre

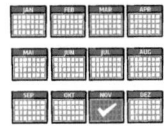

de Novembermaand

noviembre

de Dezembermaand

diciembre

de Formen
formas

de Krink

círculo

dat Quadrat

cuadrado

dat Rechteck

rectángulo

dat Dreeeck

triángulo

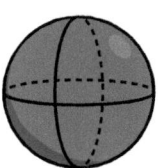

de Kugel

esfera

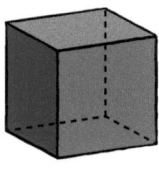

de Wörpel

cubo

witt

blanco

geel

amarillo

orangsch

anaranjado

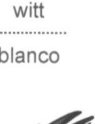

pink

rosa

root

rojo

lila

morado

blau

azul

gröön

verde

bruun

marrón

gries

gris

swart

negro

veel / wenig

mucho / poco

böös / verdreeglich

enojado / tranquilo

smuck / mies

bonito / feo

de Begünn / dat Enn

principio / fin

groot / lütt

grande / pequeño

hell / düüster

claro / oscuro

de Broder / de Süster

hermano / hermana

schier / schietig

limpio / sucio

kumpleet / nich kumpleet

completo / incompleto

de Dag / de Nacht

día / noche

doot / lebennig

muerto / vivo

breet / small

ancho / estrecho

geneetbor / nich geneetbor

comestible / no comestible

böös / fründlich

malo / amable

fickerig / langwielt

entusiasmado / aburrido

dick / dünn

gordo / delgado

toeerst / toletzt

primero / último

de Fründ / de Fiend

amigo / enemigo

vull / leddig

lleno / vacío

hart / week

duro / blando

swoor / licht

pesado / ligero

de Smacht / de Döst

hambre / sed

krank / gesund

enfermo / sano

nich na't Recht / na't Recht

ilegal / legal

klook / dummerhaftig

inteligente / tonto

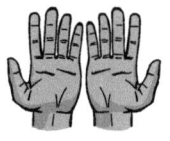

linkerhand / rechterhand

izquierda / derecha

neeg / feern

cerca / lejos

nieg / bruukt

nuevo / usado

nix / wat

nada / algo

oolt / jung

viejo / joven

an / ut

encendido / apagado

apen / slaten

abierto / cerrado

lies / luut

silencioso / ruidoso

riek / arm

rico / pobre

richtig / verkehrt

correcto / incorrecto

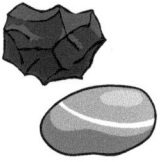

ruug / glatt

áspero / suave

trurig / glücklich

triste / contento

kort / lang

corto / largo

suutje / flink

lento / rápido

natt / dröög

húmedo / seco

warm / köhl

cálido / frío

de Krieg / de Freden

guerra / paz

0

null

cero

1

een

uno

2

twee

dos

3

dree

tres

4

veer

cuatro

5

fief

cinco

6

söss

seis

7

söven

siete

8

acht

ocho

9

negen

nueve

10

teihn

diez

11

ölven

once

12

twölf
doce

13

dörteihn
trece

14

veerteihn
catorce

15

föffteihn
quince

16

sössteihn
dieciséis

17

söventeihn
diecisiete

18

achtteihn
dieciocho

19

negenteihn
diecinueve

20

twintig
veinte

100

hunnert
cien

1.000

dusend
mil

1.000.000

million
millón

dat Engelsch

inglés

dat Amerikaansch Engelsch

inglés americano

dat Chineesch Mandarin

chino mandarín

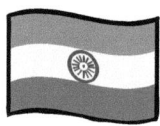

dat Hindi

hindi

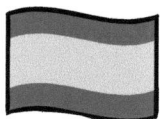

dat Spaansch

español

dat Franzöösch

francés

dat Araabsch

árabe

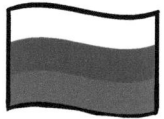

dat Rusch

ruso

dat Portugiesch

portugués

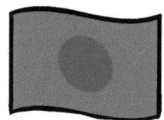

dat Bengaalsch

bengalí

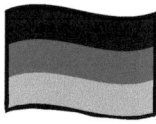

dat Düütsch

alemán

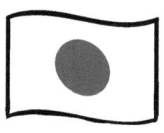

dat Japaansch

japonés

ik
yo

du
tú

he / se / dat
él / ella / ello

wi
nosotros/as

ji
vosotros/as

se
ellos/as

keen?
¿quién?

wat?
¿qué?

woans?
¿cómo?

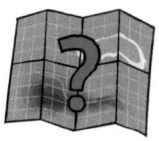

woneem?
¿dónde?

wannehr?
¿cuándo?

de Naam
nombre

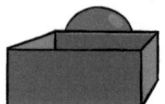

achter

detrás

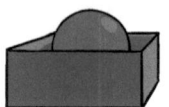

in

en

vör

delante de

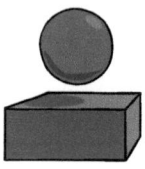

över

por encima de

op

sobre

ünner

debajo de

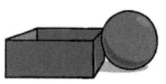

blangen

junto a

twüschen

entre

de Oort

lugar